LE FRANÇAIS LITTÉRAIRE FONDAMENTAL

A Glossary for Students and Teachers

Virginia T. Hules
Michel Grimaud
Wellesley College

UNIVERSITY
PRESS OF
AMERICA

LANHAM • NEW YORK • LONDON

Copyright © 1981 by

Virginia T. Hules and Michel Grimaud

University Press of America, Inc.

P.O. Box 19101, Washington, D.C. 20036

Library of Congress Cataloging in Publication Data

Hules, Virginia T.
    Le français littéraire fondamental.

    Bibliography: p.
    Includes indexes.
    1. French language–Glossaries, vocabularies, etc. 2.
French language–Style. 3. Literature–Terminology. I.
Grimaud, Michel, 1945–   . II. Title.
PC2680.H8   840'.03   81–40168
ISBN 0–8191–2017–0   AACR2
ISBN 0–8191–2018–9 (pbk.)

All University Press of America books are produced on acid-free
paper which exceeds the minimum standards set by the National
Historical Publications and Records Commission.

ACKNOWLEDGEMENTS

    We are grateful to Wellesley College for supporting this project through the Rebecca Bacharach Treves Fund. We also thank our colleagues in the French Department for their contributions.

Table of Contents

1. INTRODUCTION

Foreign-language teachers have, for many years, provided their students with vocabulary lists designed to introduce them to the basic critical terms necessary for the discussion and analysis of literary texts. Since 1977, we have been compiling, systematizing, and updating such a list for use in French literature courses.

In the process, we discovered that our task was essentially an impossible one since the "science of literature" has not reached a stage at which even the basic concepts are shared by everyone. There are, however, a number of words which seem to us to be needed by all students of French literature, either in high school or in college. In our first three indexes--<u>Vrais amis</u>, <u>Liste générale</u>, General List--we distinguish two levels: (1) a core list of underlined words for introductory courses; (2) expressions which, in our experience, seem necessary for undergraduate students wishing to major in literature. In the three more specialized indexes--<u>Poésie</u>, <u>Théâtre</u>, <u>Récit</u>--we do not make this distinction.

This glossary, then, is meant to be a tool usable in advanced high school courses and at all undergraduate levels. It provides both students and teachers with a standard quick reference source which, unlike dictionaries, contains only pertinent material. Its format is accessible and flexible. Students can consult it when preparing class discussions and written work. Teachers can use it as the basis for a systematic introduction and/or review of basic terms.

In establishing this glossary, we were guided by the following considerations.

1. We omitted most intellectual vocabulary and emotion words since they can be found in the excellent vocabulary lists of Le Mot et l'idée mentioned in the Annotated Reference List of Section 2a.

2. Since an encouragingly large number of words are so close in their literary meanings in both languages, we have listed them separately at the beginning of the glossary. Barring accents, if the first English syllable corresponds to the beginning of the French word, if the rest of the word is not "too different," and if the main literary meaning of the English word is identical in French and English--then the word is listed in Section 3 as a vrai ami. Thus une analyse is included but not humoristique (humorous). Words like une action, all of whose meanings are not vrais amis ("an act," "an action," "a plot"), are listed both in this section and in the general lists. In such cases, all meanings are repeated in the general lists.

3. The Liste générale and the General List do not include the preceding section's vrais amis, but the genre indexes (Sections 6 through 8) do, so that each genre index may be used independently.

4. Since most students necessarily take an English word as their starting point, a general English-French index is included as well as a French-English one.

5. The three genre indexes include only French-English lists because they are short enough for easy reference.

6. When there is a choice between several words, we include the easiest or the most common ones. We omitted <u>un</u> <u>écrit</u> and <u>des</u> <u>écrits</u> because these terms are rarer and more difficult to use correctly than <u>une</u> <u>oeuvre</u>.

7. Articles are used to indicate gender because we feel that this is a more effective mnemonic device than the notation (f.) or (m.). Whenever possible, we use <u>une</u> and <u>un</u> instead of <u>la</u> and <u>le</u> because this eliminates the ambiguity resulting from elisions. However, when the noun most commonly occurs with the definite article, we use <u>la</u>, <u>le</u>, and <u>les</u>--as in <u>la linguistique</u> and <u>les bienséances</u>. In the case of elisions and plurals we add the indication (f.) or (m.). When the choice of definite or indefinite articles can result in different meanings, we provide both--as in <u>la scène</u>: the stage; <u>une scène</u>: a scene. We include both feminine and masculine forms to reinforce proper spelling, and place the feminine before the masculine in order to highlight the element of the pair which students are least likely to see in dictionaries.

8. When useful, we refer the reader to a synonym or related meaning as well as to an antonym or a misleading <u>faux ami</u>. Synonyms are indicated by an equal sign, antonyms or <u>faux amis</u> by a number sign (#): le fond = le contenu # la forme. Following dictionary usage, a comma separates close meanings, whereas a semi-colon separates different meanings of a word. Occasionally, model sentences are provided to clarify usage.

9. When needed, we clarify the pronunciation of a word. For example, the notation "un alexandrin [ks]" reminds the reader not to make the common pronunciation mistake [gz]. We also underline parts of words which American students are prone to misspell (un ca ractère).

10. No definitions are provided either for the notions taken from recent literary theory or for classical terms. For the latter, one should consult Henri Bénac's Nouveau vocabulaire de la dissertation. Many of these terms are also discussed in outline form--from the point of view of traditional literary criticism--in his Guide des idées littéraires (see Section 2b). For an explanation of the small number of basic literary terms taken from contemporary linguistics and poetics, one should consult the French or English versions of Ducrot and Todorov's Encyclopedic Dictionary of the Sciences of Language. These books, together with the others mentioned in Section 2c, will enable teachers and advanced students to supplement the information we provide.

11. Finally, Section 2d of the Annotated Reference List mentions a few original or pedagogically effective single works and collections for the teaching of literary analysis.

2. ANNOTATED REFERENCE LIST

(a) VOCABULARY RELEVANT TO LITERARY STUDIES

J. FOURNIER. Le Mot et l'idée français. Paris: Editions Ophrys, 1971.

A systematic survey, in thirty-five chapters, of main vocabulary categories ranging from "La Maison" and "Les Cinq sens" to "Les Saisons" and "Le Lycée et l'université." Of special interest are sections on "Les Beaux arts," "Morale et religion," "Les Sentiments," and "La Vie intellectuelle." Each page is divided between the wordlist and a series of paragraphs integrating the words into meaningful sentences. No translations.

J. REY. Le Mot et l'idée. Révision vivante du vocabulaire anglais. Paris: Editions Ophrys, 1972.

Built, with few variations, on the same principles and containing the same categories as the preceding entry. Although the book is intended for French-speaking students of English, it can be used by American students since it lists English words and their translations. The paragraphs are of course useless as they are in English.

(b) CLASSIC LITERARY AND CRITICAL TERMS

HENRI BENAC. Nouveau vocabulaire de la
        dissertation et des études littéraires.
        Paris: Hachette, 1972.

Although fewer than 20 entries out of
950 reflect contemporary critical trends, although much emphasis is on traditional rhetor-
ical terms rarely used either in France or in
the United States today, this is a masterly al-
phabetical survey of the dominant notions of
criticism and of the themes and schools of
French and European literature from antiquity
and the Middle Ages to the present.

HENRI BENAC. Guide des idées littéraires.
        Paris: Hachette, 1974.

Almost 250 entries outlining the main
problems and themes of French literature in the
Sainte-Beuve, Lanson, or Matthew Arnold tradition. This survey furnishes a solid starting
point for any literary discussion or for student
projects.

(c) LITERARY THEORY AND SPECIALIZED
REFERENCE WORKS

JEAN DUBOIS ET AL. Dictionnaire de linguistique.
        Paris: Larousse, 1973.

The most complete linguistics
dictionary in French or English.

6

OSWALD DUCROT and TZVETAN TODOROV. Encyclopedic
Dictionary of the Sciences of Language
Baltimore: Johns Hopkins University
Press, 1979. (Translation of Diction-
naire encyclopédique des sciences du
langage [Paris: Seuil, 1972])

Although not arranged alphabetically,
the index makes this unimportant. The Dictionary
covers all the important concepts of contemporary criticism and poetics, including those in
Bénac.

SAAD ELKHADEM. The York Dictionary of English-
French-German-Spanish Literary Terms and
Their Origin. Fredericton, Canada: York
Press, 1976.

Useful since it includes classic and
contemporary terms. However, French translations
are frequently inaccurate.

JEAN LAPLANCHE and J.-B. PONTALIS. The Language
of Psychoanalysis. New York: Norton,
1974.

The 288 working concepts of psychoanalysis are defined, analyzed, and discussed in
historical perspective. All terms are translated
into French, German, Italian, Spanish, and Por-
tuguese. (Translation of Vocabulaire de la psychanalyse [Paris: P.U.F., 1971])

7

HENRI MORIER. Dictionnaire de poétique et de
          rhétorique. Paris: P.U.F., 1981.

     The original 491-page 1961 book is now
enlarged to 1264 pages in this, the third edi-
tion. It is essentially a dictionary of rhetor-
ical terms, not of contemporary poetics. Its
wealth of examples and phonetic analyses makes
it for poetry and rhetoric the equivalent of
Maurice Grévisse's muddled but necessary Bon
Usage.

ALEX PREMINGER, ed. Princeton Encyclopedia of
          Poetry and Poetics. Princeton, N.J.:
          Princeton University Press, 1975 (rev.
          ed.).

     Covers, for English literature, much of
the same ground as Morier and Bénac, and, to an
extent, can be complementary to Ducrot and Todorov, especially for the early development of
poetics.

(d) TEACHING LITERARY ANALYSIS

MICHEL BENAMOU. Pour une nouvelle pédagogie du
          texte littéraire. Collection Le Français
          dans le Monde/B.E.L.C. Paris: Hachette/
          Larousse, 1971.

     The author attempts to illustrate how
instructors can apply certain contemporary critical concepts to the teaching of literature to
foreign-language students. The text is divided
into three sections--"La Structure,"

"L'Ecart," and "La Connotation"--each of which includes the following subdivisions: (1) a theoretical introduction drawing on the works of Barthes, Greimas, Riffaterre, Todorov, and others; (2) pedagogical suggestions with examples; (3) "Leçons" consisting of short literary texts, both prose and poetry, and accompanying exercises. The latter are divided into semantic, mimetic, and aesthetic phases.

LUCETTE CHAMBART and MARGUERITE ROCHETTE, eds. Série Folio Guides II. Paris: Armand Colin and Gallimard.

Each of the 100-page volumes includes a "Lexique" or list of definitions which covers important critical terms and relates them to the literary work being studied. The second part, "Pistes de lecture," outlines almost two dozen topics as starting points; the authors include page references "pour une lecture intégrale des oeuvres" (the title of the collection). See, for example, the volume on Balzac's Pierrette for a study of narrative, and the one on Ionesco's Le Roi se meurt for a study of theatre. There also exists an introduction to poetry entitled La Poésie.

A. CHASSANG and CH. SENNINGER. Points de vue et références. Paris: Hachette.

A series still in progress in which the authors provide remarkable teachers' manuals. All areas of traditional criticism are authoritatively surveyed. The best volumes are the two on the sixteenth century. Because they are for teachers only, the manuals must be ordered through an American book company serving teachers or directly from the publisher on official letterhead.

COLLECTION LITTERATURE ET SOCIETE. Paris: Bordas.

        A series of oversize (8x12) books providing about 100 pages of selections from literary and nonliterary texts on matters relating to literary history, society, and the history of ideas. Each text is accompanied by diverse comments, including those of the author's contemporaries. The volumes--e.g., <u>Thèmes</u> et <u>manifestes</u>: <u>XIXe</u> <u>siècle</u> (1976)--are especially good from a pedagogical point of view.

BRIAN T. FITCH. "<u>L'Etranger</u>" d'<u>Albert</u> <u>Camus</u>: <u>Un</u> <u>texte</u>, <u>ses</u> <u>lecteurs</u>, <u>leurs</u> <u>lectures</u>. Paris: Larousse, 1972.

        Discusses all the major critical approaches as they have been applied to this French classic.

3. VRAIS AMIS

A

une abstraction

abstraite, abstrait

un accent

un acte

une action

un adjectif

un adverbe

un affect = une émotion
=un sentiment

affective, affectif

un alexandrin [ks]

l'aliénation (f.)

une allégorie

une allitération

une allusion

ambiguë, ambigu

une ambiguïté

une analogie

une analyse

une anecdote

une anthologie [t]

un anthropomorphisme
[t]

une antithèse

un antonyme

une apostrophe

un archétype [k]

archétypique [k]

une/un artiste

une association

une assonance

une atmosphère

une autobiographie

une avant-garde

B

une ballade

un ballet

baroque

une bibliographie

une biographie

bourgeoise, bourgeois

C

une caricature

une catharsis [t]

un chapitre

le classicisme

classique

un cliché

un code

une comédie

une comparaison

comparer

une compétence
   littéraire ou
   linguistique

complexe

une conclusion

concrète, concret

une confidente, un
   confident

une connotation # une
   dénotation

une consonne

un contexte

un contraire

un contraste

une convention

un costume

une culture

D

une dénotation # une
   connotation

une description

descriptive, descriptif

un détail

un "deus ex machina"

un dialogue

didactique

une digression

une discipline

dramatique

12

un drame

E

une élégie

une élision

une ellipse

une émotion = un
sentiment = un affect

une énigme

un enjambement

un environnement =
un milieu

un envoi

un épilogue

un épisode

équivalente,
équivalent [ki]

une évolution

l'existentialisme (m.)

une exposition

une expression

F

une fable

le fantastique

une farce

la fiction

une figure
(de rhétorique)

un flashback

la forme

G-H

un genre

une harmonie

un hémistiche [sh]

une héroïne,
un héros

héroïque

un héroïsme

un homonyme

une hyperbole

I

identique

une idéologie

une illusion

13

une image

une imagination

une imitation

une implication

une influence

une inspiration

inspirer (quelque chose
  à quelqu'un)

une interprétation

interpréter

une introduction
  introduire (quelque
chose à quelqu'un)

inventer

une invention

une ironie

L

un langage

une légende

une lettre

une liaison

linguistique

la linguistique

littéraire

littérale, littéral

la littérature

une logique

lyrique

M

une maxime

médiévale, médiéval

un mélodrame

les mémoires (m.)

le merveilleux

une métaphore

une méthode [t]

une métonymie

un mètre

une métrique

un milieu = un
  environnement

mimétique

un monologue

un monologue intérieur

un montage

14

un motif

un mythe [t]

une mythologie [t]

N

une narratrice,
 un narrateur

le naturalisme

O

une ode

une onomatopée

une opposition

P

paradoxale, paradoxal

un paradoxe

parallèle

un parallèle =
 un parallélisme

une paraphrase

une parodie

un pastiche

pathétique [t]

une périphrase

une personnification

la philosophie

philosophique

phonique

un poème

une poétesse, un poète

poétique

la poétique

un point de vue

polémique

la préciosité

la prose

la prosodie

une / un protagoniste

la psychanalyse

la psychologie

Q-R

un quatrain [ka]

le réalisme

réaliste

récurrente, récurrent

un refrain

une relation

la Renaissance

une répétition

une représentation

une rhétorique

un rôle

le romantisme

un rondeau

un rythme [ritm]

S

un sarcasme

une satire

un scénario

une scène

sémantique

la sémantique

sémiotique

la sémiotique

une séquence

un signe

une situation

la sociologie

un sonnet

une source

un stéréotype

structurale, structural

une structure

structurer

un style

le surréalisme

le suspense

une syllabe

un symbole

le symbolisme

symboliser

une synecdoque

un synonyme

la syntaxe

syntaxique =
   syntactique [rare]

un tableau

une technique

une tension

un tercet

le théâtre

un thème

une tradition

une tragédie

une tragi-comédie

tragique

un trope

un type

U-V

une unité

universelle, universel

une utopie

utopique

une variation

la versification

visionnaire

4. LISTE GENERALE

un accent: an accent;
a stress, an emphasis
Ex.: Beaucoup d'auteurs
mettent l'accent sur la
difficulté de vivre.

un accessoire:
a (theatrical) prop

une action: an action;
a plot (= une intrigue)
Ex.: L'action [the plot]
de cette pièce est
complexe. L'action
se passe en Espagne
(The scene is set
in Spain.).

une actrice, un acteur:
an actress, an actor

un alexandrin [ks]:
a 12-syllable line
Ex.: Le jour n'est
pas plus pur que le
fond de mon coeur.

une ambiance =
une atmosphère:
an atmosphere,
a mood

une amoureuse, un
amoureux: a lover

annoncer = préparer:
to foreshadow
Ex.: Le premier vers
annonce déjà le
dénouement.

un arrière-plan:
a background
Ex.: Ce personnage
reste à l'arrière
plan (This character
remains in the back-
ground.).

une atmosphère =
une ambiance: a mood
an atmosphere

un auteur = une femme
écrivain, un écri-
vain: an author

un auteur implicite:
an implied author

B

les bienséances (f.):
code of good manners
Ex.: Les bienséances
sont respectées dans
le théâtre classique.

un morceau de bravoure:
a purple passage

un but = une fin: an
aim, a goal

C

un cadre: a framework;
a setting

19

un calembour = un jeu de mots: a pun

un caractère # un personnage: the character of a person # a fictional character Ex.: Ce personnage a mauvais caractère. This (fictional) character has a bad character.

une caractéristique: a trait, a feature, a characteristic

une césure: a caesura (a metrical break after the sixth syllable of an alexandrine line)

une chanson de geste: a Medieval epic

un chef-d'oeuvre (ne pas prononcer le [f]): a masterpiece

un choeur (prononcé comme coeur): a chorus

une citation: a quotation

une comparaison: a comparison, a simile

un complot # une intrigue: a plot against someone # the plot of a story

se comporter = se conduire = agir (d'une certaine façon): to act, to behave (in a certain way)

une conférence # une lecture: a lecture # a reading

un conte (moral, philosophique) # une nouvelle: a tale # a short story

le contenu # la forme: content # form: Ex.: Il ne faut pas opposer forme et contenu.

dans les coulisses (f.): offstage, in the wings, behind the scenes

une coupe: a syntactic break in a line of poetry   Ex.: La césure est une coupe.

une / un critique: a critic

une critique: a (piece of negative) criticism

la critique (littéraire): (literary) criticism

critiquer une oeuvre #
étudier ou analyser
une oeuvre: to crit
icize a work # to
analyze a work

D

un décor (de théâtre):
a setting, a set;
scenery

un défaut: a fault, a
failing, a shortcoming

le défaut tragique:
the tragic flaw

un dénouement: a plot
ending, a resolution

le destin = la fatalité:
destiny = fate

un détail significatif =
un indice: a clue,
a significant detail

la disposition des rimes:
the rhyme scheme

une dissertation # une
thèse: a term paper # a
thesis, a dissertation

une / un dramaturge = un
auteur dramatique: a
playwright

la durée # le temps:
duration # time

E

le e (dit) muet: the
(so-called) mute e

l'éclairage (m.): the
lighting (of a play)

une femme écrivain, un
écrivain: a writer,
an author

l'emphase (f.):
pomposity,
grandiloquence

un enjambement # un
rejet: run-on lines #
a midline enjambment

un entracte: an inter-
mission

une entrée:
an entrance

une épopée: an epic

l'esprit (m.): the
mind; wit Ex.: Vol-
taire a de l'esprit.

un esprit = un fantôme:
a spirit, a ghost

esthétique: aesthetic

une étude: a study

un événement: an event

une expression: a
phrase, an expression

21

un extrait: an excerpt

F

un fantasme:
 a fantasy

un fantôme = un
 esprit: a ghost

la fatalité =
 le destin: fate,
 destiny

au figuré # au propre:
 figuratively #
 literally

un fil conducteur =
 un réseau thématique =
 un motif (central) =
 un motif récurrent:
 a connecting thread,
 a thematic pattern,
 a (central) motif,
 a recurrent motif

une fin = une conclu
 sion: an ending

une fin = un but:
 a goal, an aim

le fond = le contenu #
 la forme: content # form

H

un hémistiche [sh]:
 a hemistich,
 a half-line of verse

une histoire = un
 récit: a story

l'humeur (f.) #
 l'humour (m.): mood,
 humor # (comic) humor
 Ex.: Cette pièce a
 beaucoup d'humour;
 j'en suis sortie de
 très bonne humeur.

humoristique = comique:
 humorous, comic

I

une idée centrale: a
 main idea

un vers impair # un
 vers pair: an odd-
 syllable line # an
 even-syllable line

une indication scé
 nique: a stage di-
 rection

un indice = un détail
 significatif: a clue,
 a significant detail

une intrigue #
 un complot:
 a plot of a story
 # a plot against
 someone

une intrigue
 secondaire:
 a subplot

une inversion: a reversal

J

le jeu (au théâtre):
the acting (in the
theatre)

un jeu de mots = un
calembour: a pun, a
play on words

un jeu de scène: stage
business

jouer (dans une pièce):
to act (in a play)

jouer un rôle: to play
a part

L

une lectrice, un lecteur:
a reader

une lecture # une
conférence: a reading #
a lecture Ex.: Durant
sa conférence [her
lecture] le professeur
a fait la lecture [gave
a reading] d'un poème.

une liaison: a liaison
(les-z-amies); a love
affair

un lieu = un endroit:
place (voir unité
de lieu)

une ligne (de prose) #
un vers (de poésie):
a line (of prose) #
a line (of poetry)

une litote:
an understatement

M

le maquillage: makeup

un méchant # un
traître: a villain #
a traitor

une metteuse en scène,
un metteur en scène:
a stage director

mettre en scène ou
monter une pièce:
to produce, stage,
put on a play

un milieu = un envi-
ronnement: an envi-
ronment, a milieu

un milieu = un centre

une mise en abyme: a
play within the play
(and other self-ref-
erential techniques)

une mise en scène: a
production

un mobile = un motif:
a motive

les moeurs (f.):
manners

23

un morceau de bravoure:
a purple passage

un mot: a word

un mot-clé: a key word

un motif = un thème:
a motif, a theme

un motif = un mobile:
a motive

un motif central/récur-
rent = un fil conduc-
teur: a central/
recurrent motif,
a connecting thread

le Moyen Age: the Middle
Ages

N

une / un narrataire:
a narratee

une narration = un récit:
a narrative, a story

la narration: narrative
(the narrative aspect
of a story)

une nouvelle: a piece of
news

une nouvelle # un conte
un roman: a short
story # a tale # a novel

O-P

une oeuvre: a work

un vers pair # un vers
impair: an even-syl-
lable line # an odd-
syllable line

un personnage # un ca-
ractère: a fictional
character # the
character of a person

phonique = qui
concerne les sons:
phonic

une phrase # une
expression: a sen-
tence # a phrase

une pièce: a play

le plateau = la scène
the stage

un poème = une poésie:
a poem

un point culminant =
un point crucial:
a climax (in a story)

un point de vue:
a viewpoint

un point de vue = une
vision (narrative):
a (narrator's) point
of view

24

un porte-parole (de
l'auteur): an (author's)
mouthpiece

préparer = annoncer:
to foreshadow   Ex.: Le
premier vers annonce
déjà le dénouement.

un procédé = une
technique: a device

un processus =
un procès (rare):
a process

au propre # au figuré:
literally # figuratively

le public: the audience
(of a play); readers

R

raisonnable = sensée,
sensé # sensible:
reasonable, sensible
sensitive

un rapport = une rela
tion: a relationship

la réaction de la lec
trice ou du lecteur:
the reader's response

un récit = une narration:
a story, a narrative

un recueil: a collection

la règle des trois
unités (voir "unité")

un rejet # un enjambe-
ment: a midline
enjambment # run-on
lines

un renversement (de si-
tuation): a reversal

une répétition: a rep-
etition; a rehearsal

une réplique # une
tirade: an actor's
line # a speech

une représentation: a
(play's) performance

un réseau: a network,
a pattern

un retour en arrière =
un flashback:
a flashback

une revue # un journal:
a journal # a paper

une rime: a rhyme

quatre rimes croisées
ou alternées: abab-
type rhyme scheme

quatre rimes embras
sées: abba-type rhyme
scheme

une rime féminine #
une rime masculine:

25

a feminine rhyme #
a masculine rhyme

deux rimes plates:
aabbcc-type rhyme
scheme

un rôle: an actor's
lines or part

un roman # une nouvelle
a novel # a short story

un roman policier: a
detective story

une romancière, un ro
mancier: a novelist

romanesque: fictional,
Ex.: Cette belle étude
critique analyse
les techniques roma
nesques de Hugo.

une scène: a scene

la scène = le plateau:
the stage, the set

un sens = une signifi-
cation: a meaning

sensée, sensé = raison
nable # sensible: rea-
sonable, sensible #
sensitive

sensible # sensée, sensé,
raisonnable: sensitive #
reasonable, sensible

un siècle: a century

un signifiant # un
signifié: the sound
the meaning of a
sign

une signification = un
sens: a meaning

un son: a sound

une sortie: an exit

les spectateurs (une
spectatrice, un spec-
tateur) = le public:
the audience (of a
play)

spirituelle, spirituel
witty; spiritual
(rare)

une strophe: a stanza

le style direct: di
rect style/discourse

le style indirect:
indirect style/dis-
course

le style indirect
libre: free indirect
style/discourse

un sujet: a subject;
a topic

le surnaturel: the
supernatural

une symétrie: a
symmetry

26

T

le temps # la durée:
time # duration

un théâtre en rond: a
theatre in the round

une tirade # une
réplique: a speech #
an actor's line

un titre: a title

un ton de la voix: a
tone of voice

un tournant (de
l'action): a turning
point (in the action)

un traître # un méchant:
a traitor # a villain

une tranche de vie:
a slice of life

U-V

les trois unités (f.)--
les unités de temps,
de lieu et d'action:
the three unities--
of time, place, and
action

une valeur: a value

une vérité: a truth

un vers # une ligne:
a line of poetry #
a line of prose

une vision (narrative)
= a (narrator's)
point of view

une vision externe /
par dehors: an ex
ternal point of view
(separate from the
character's)

une vision interne /
par derrière / avec:
an internal point of
view / one from behind
/ with the character

la voix narrative: the
narrative voice

vraisemblable:
likely, plausible
Ex.: Est-ce que l'art
doit être vraisem
blable (true to
life)?

le vraisemblable:
verisimilitude,
plausibility

27

5. GENERAL LIST

A

to act (in a play):
jouer (dans une
pièce)

to act (in a certain
way): se comporter,
se conduire, agir
(d'une certaine
façon)

the acting (in the
theatre): le jeu

an actress, an actor:
une actrice, un acteur

aesthetic: esthétique

a (love) affair: une
liaison

an aim: un but,
une fin

to analyze a work:
analyser, étudier
une oeuvre

the audience (of a play):
les spectateurs,
le public

an author: un auteur,
une femme écrivain,
un écrivain

an implied author: un
auteur implicite

B

a background: un
arrière-plan Ex.: Ce
personnage reste à
l'arrière-plan (This
character remains in
the background.).

to behave (in a
certain way): se
comporter, se con-
duire, agir (d'une
certaine façon)

C

a caesura (a metrical
break after the sixth
syllable of an alex-
andrine): une césure

a center: un milieu,
un centre

a century: un siècle

a character: un per-
sonnage; un caractère
Ex.: Ce personnage a
mauvais caractère
(This [fictional]
character has a bad
character.).

a characteristic:
  une caractéristique

a chorus: un choeur [k]

a climax (in a story):
  un point culminant,
  un moment crucial

a clue: un indice, un
  détail significatif

a collection: un recueil

a comparison, a simile:
  une comparaison

a conspiracy # a plot of
  a story: un complot #
  une intrigue

content # form: le
  contenu # la forme

a critic: une / un
  critique

a criticism: une critique

(literary) criticism:
  la critique (littéraire)

to criticize a work:
  critiquer une oeuvre #
  étudier / analyser une
  oeuvre

a critique (an evaluative
  study): une étude
  critique

customs: les moeurs (f.)

D

destiny: le destin,
  la fatalité

a detective story: un
  roman policier

a device: un procédé

a stage director: une
  metteuse en scène,
  un metteur en scène

duration # time: la
  durée # le temps

E

to emphasize:
  mettre l'accent sur,
  insister sur

an ending: une fin,
  une conclusion, un
  dénouement

a plot ending:
  un dénouement,
  une fin

an entrance: une
  entrée

an environment:
  un environnement,
  un milieu

an epic: une épopée

an event: un événement

an excerpt: un extrait

an exit: une sortie

F

a failing:
un défaut

a fantasy: un fantasme

fate: la fatalité,
le destin

a fault:
un défaut

a feature: une carac-
téristique

a feeling: un sentiment,
une émotion

fictional (concerning
fiction): romanesque
Ex.: Ce livre étudie
les techniques roma-
nesques de Hugo.

figuratively # literally:
au figuré # au propre

a flashback: un retour en
arrière, un flashback

the tragic flaw:
le défaut tragique

to foreshadow: préparer,
annoncer   Ex.: Le premier
vers annonce le dénouement.

form # content: la
forme # le contenu

a framework: un cadre

G-H

a ghost: un esprit, un
fantôme

a goal: une fin,
un but

(comic) humor:
l'humour (m.)

humor (mood): l'humeur
(f.)

humorous: humoristique

I-J-K

a main idea: une idée
centrale

an implied author:
un auteur implicite

an intermission:
un entracte

a journal: une revue #
un journal: a paper

a key word: un mot-clé

L

a lecture # a reading:
une conférence #
une lecture

a slice of life:
une tranche de vie

lighting (of a play):
l'éclairage (m.)

an actor's line: une
réplique

an actor's lines: un rôle

a line of poetry # a line
of prose: un vers #
une ligne

run-on lines:
un enjambement

literally # figuratively:
au propre # au figuré

a love affair:
une liaison

a lover: une amoureuse,
un amoureux

M

a main idea: une idée
centrale

makeup: le maquillage

manners:
les moeurs (f.)

a masterpiece:
un chef-d'oeuvre (ne
pas prononcer le [f])

a meaning: un sens,
une signification

the Middle Ages:
le Moyen Age

a midline enjambment:
un rejet

the mind: l'esprit
(m.)

a mood (an atmos-
phere): une ambiance,
une atmosphère

a mood: une humeur
Ex.: Je ne suis ni de
bonne humeur, ni de
mauvaise humeur
(I am neither in a
good nor a bad
mood.).

morals = mores:
les moeurs (f.)

a central, a recurrent
motif:
un motif central,
récurrent

a motive:
un mobile,
un motif

an author's mouthpiece:
un porte-parole de
l'auteur

the (so-called) mute e:
le e (dit) muet

N

a narratee: une / un
narrataire

a narrative:
une narration, un récit,
une histoire

the narrative voice:
la voix narrative

a narrator: une narra-
trice, un narrateur

a network: un réseau

a novel # a short story:
un roman # une nouvelle

a novelist: une roman
cière, un romancier

O-P

offstage: dans les
coulisses (f.)

a term paper:
une dissertation

an actor's part: un rôle

a pattern: un réseau

a thematic pattern:
un réseau thématique

a performance (of a
play):
une représentation

a phrase:
une expression

a place: un endroit,
un lieu

plausibility:
le vraisemblable

a play: une pièce (de
théâtre)

to play a part: jouer
un rôle   Ex.: Cet
acteur joue bien
le rôle de Hamlet.

a play on words:
un jeu de mots,
un calembour

a play within the play
(and other self-ref-
erential techniques):
une mise en abyme

a playwright:
une / un dramaturge,
un auteur dramatique

a plot (a conspiracy)
a plot of a story:
un complot #
une intrigue

a plot of a story:
une action,
une intrigue

a poem: un poème,
une poésie

poetry: la poésie

a (narrator's) point of
view: une vision
narrative

an external point of view
(separate from the char-
acter's): une vision
externe / par dehors

an internal point of view
/ one from behind /
with the character:
une vision interne /
par derrière / avec

pomposity: l'emphase (f.)

a process: un processus,
un procès (rare)

to produce a play:
monter ou mettre en
scène une pièce

a production: une mise
en scène

a (theatrical) prop:
un accessoire

a pun: un jeu de mots,
un calembour

a purple passage:
un morceau de bravoure

to put on a play:
monter ou mettre en
scène une pièce

Q-R

a quotation:
une citation

a reader: une lectrice
un lecteur

readers: le public

the reader's response:
la réaction
de la lectrice
ou du lecteur

a reading: une lecture

reasonable: sensée,
sensé, raisonnable

a rehearsal:
une répétition

a relationship: une
relation, un rapport

a resolution (a plot
ending): un dénouement

a reversal: une inver-
sion; un renversement
(de situation)

a rhyme: une rime

a rhyme scheme: la
disposition des rimes

a rhythm: un rythme
[ritm]

34

run-on lines:
un enjambement

(stage) scenery:
le décor

behind the scenes: dans
les coulisses (f.)

sensible: sensée, sensé,
raisonnable

sensitive: sensible

a sentence: une phrase

a setting: un cadre

a stage setting:
un décor

a shortcoming: un défaut

a short story # a tale:
une nouvelle # un conte

a simile: une comparaison

a slice of life:
une tranche de vie

a sound: un son

a speech (in a play):
une tirade

the stage: la scène,
le plateau

stage business:
un jeu de scène

a stage direction:
une indication
scénique

to stage a play:
monter ou mettre en
scène une pièce

a stanza: une strophe

a story: une histoire,
un récit

to stress (something):
mettre l'accent sur,
insister sur (quelque
chose)

a study: une étude

to study a work:
analyser,
étudier une oeuvre

a subject: un sujet

a subplot: une
intrigue secondaire

the supernatural:
le surnaturel

a symmetry:
une symétrie

a tale # a short
story: un conte #
une nouvelle

a technique: une technique, un procédé

a theatre in the round: un théâtre en rond

a thematic pattern = a connecting thread: un réseau thématique, un fil conducteur

a theme = a motif: un thème, un motif

time # duration: le temps # la durée

a tone of voice: un ton de la voix

the tragic flaw: le défaut tragique

a trait: une caractéristique

a traitor: un traître

a truth: une vérité

a turning-point (in the action): un tournant (de l'action)

U-V

an understatement: une litote

a value: une valeur

verisimilitude: le vraisemblable

a verse: un vers; des vers

a viewpoint: un point de vue

a villain: un méchant

the narrative voice: la voix narrative

W

in the wings: dans les coulisses (f.)

wit: l'esprit (m.)

witty: spirituelle, spirituel

a work: une oeuvre

a word: un mot

a key word: un mot-clé

a writer: un auteur, une femme écrivain, un écrivain

the writings: l'oeuvre, les oeuvres (f.)

6. INDEX DE LA POESIE

A

un accent: a stress,
an emphasis Ex.:
Beaucoup d'auteurs
mettent l'accent sur
la difficulté
de vivre

un affect =
une émotion
= un sentiment

affective, affectif

un alexandrin [ks]:
a 12-syllable line
Ex.: Le jour n'est
pas plus pur que le
fond de mon coeur.

une allégorie

une allitération

une allusion

une ambiance =
une atmosphère:
an atmosphere,
a mood

ambiguë, ambigu

une analogie

une analyse

une anecdote

annoncer = préparer:
to foreshadow Ex.:
Le premier vers an-
nonce déjà le
dénouement.

une antithèse

une assonance

une atmosphère
= une ambiance:
a mood, an atmos-
phere

B-C

une ballade

un ballet

un calembour = un jeu
de mots: a pun,
a play on words

une caractéristique:
a trait, a feature,
a characteristic

une caricature

une césure: a caesura
(a metrical break
after the sixth
syllable of an
alexandrine line

une chanson de geste:
a Medieval epic

un chef-d'oeuvre
(ne pas prononcer
le [f]): a masterpiece

un cliché

un code

une comparaison:
a comparison,
a simile

comparer

une conclusion =
une fin: an ending

une connotation #
une dénotation

une consonne

le contenu # la forme:
content # form Ex.:
Il ne faut pas opposer
forme et contenu.

un contexte

un contraire

un contraste

une convention

une coupe: a syntactic
break in a line of
poetry Ex.: La
césure est une coupe.

D-E

une dénotation #
une connotation

une description

descriptive,
descriptif

un détail significatif
= un indice: a clue,
a significant detail

la disposition des
rimes:
the rhyme scheme

le e (dit) muet:
the (so-called)
mute e

une élégie

une élision

une ellipse

une émotion =
un sentiment =
un affect

un enjambement #
un rejet: run-on
lines # a midline
enjambment

un envoi

une épopée: an epic

équivalente,
équivalent

esthétique [t]

une évolution

une expression: a phrase
  an expression

F

une fable

une figure
  (de rhétorique)

au figuré # au propre:
  figuratively #
  literally

un fil conducteur =
  un réseau thématique
  = un motif (central)
  = un motif récurrent:
  a connecting thread,
  a thematic pattern,
  a (central motif),
  a recurrent motif

une fin = une conclusion:
  an ending

le fond = le contenu #
  la forme: content #
  form

la forme # le contenu
  = le fond:
  form # content

H

une harmonie

un hémistiche [sh]
  a hemistich, a half-
  line of verse

un homonyme

une hyperbole

I

une idée centrale:
  a main idea

identique

une image

un vers impair #
  un vers pair:
  an odd-syllable line
  # an even-syllable
  line

un indice = un détail
  significatif: a clue

une inversion:
  a reversal

J-L

un jeu de mots = un
  calembour: a pun,
  a play on words

un langage

une lettre

une liaison: a liaison
  (les-z-amies); a love
  affair

une ligne (de prose) #
  un vers (de poésie):
  a line of prose #
  a line of poetry

une litote:
  an understatement

littérale, littéral

lyrique

M-O

une métaphore

une métonymie

un mètre

une métrique

un mot: a word

un mot-clé: a key word

un motif = un thème:
  a motif, a theme

un motif (central) =
  un motif récurrent =
  un fil conducteur =
  un réseau thématique:
  a (central) motif,
  a recurrent motif,

a connecting thread,
a thematic pattern

un motif = un mobile:
  a motive

une ode

une onomatopée

une opposition

P

un vers pair # un vers
  impair: an even-syl-
  lable line # an odd-
  syllable line

parallèle

un parallèle =
  un parallélisme

une paraphrase

phonique = qui
  concerne les sons:
  phonic

une phrase # une
  expression:
  a sentence #
  a phrase

un poème = une poésie:
  a poem

la poésie: poetry

une poésie = un poème:
  a poem

une poétesse,
 un poète

la poétique

un point culminant =
 un point crucial:
 a climax (in a story)

préparer = annoncer:
 to foreshadow Ex.:
 Le premier vers prépare
 le dénouement.

un procédé
 = une technique:
 a device, a technique

au propre # au figuré:
 literally # figuratively

la prose

la prosodie

le public: readers

Q-R

un quatrain [ka]

un rapport =
 une relation:
 a relationship

la réaction de la
 lectrice ou du
 lecteur: the reader's
 response

un recueil: a collection

récurrente, récurrent

un refrain

un rejet #
 un enjambement:
 a midline enjambment
 # run-on lines

une relation =
 un rapport:
 a relationship

une répétition

un réseau: a network,
 a pattern

un réseau thématique =
 un motif (central) =
 un motif récurrent =
 un fil conducteur:
 a thematic pattern =
 a (central) motif =
 a recurrent motif,
 a connecting thread

une rhétorique

une rime: a rhyme

quatre rimes croisées
 ou alternées: abab-
 type rhyme scheme

quatre rimes
 embrassées: abba-type
 rhyme scheme

une rime féminine #
 une rime masculine:
 a feminine rhyme #
 a masculine rhyme

deux rimes plates:
 aabbcc-type rhyme
 scheme

un rondeau

un rythme [ritm]

S

sémantique

un sens =
 une signification:
 a meaning

un sentiment =
 une émotion =
 un affect: a feeling,
 an emotion, an affect

une séquence

un signe

une signification =
 un sens: a meaning

un son: a sound

un sonnet

une strophe: a stanza

le style direct: direct
 style/discourse

le style indirect:
 indirect style/
 discourse

le style indirect
 libre: free indirect
 style/discourse

une syllabe

un symbole

le symbolisme

une symétrie:
 a symmetry

une synecdoque

un synonyme

la syntaxe

syntaxique =
 syntactique [rare]:
 syntactic

T

une technique

une tension

un tercet

un thème

un ton de la voix:
 a tone of voice

un tournant (de
 l'action): a turning
 point (in the action)

une tradition

un trope

<u>U</u>

une unité

universelle,
 universel

<u>V</u>

une variation

un vers; des vers:
 a verse

un vers (de poésie) #
 une ligne (de prose):
 a line of poetry #
 a line of prose

la versification

visionnaire

A

un accent: a stress,
an emphasis Ex.:
Est-ce qu'un bon
acteur met l'accent
sur les mots
importants?

un accessoire: a prop

un acte

une action: an action;
a plot (= une intrigue)
Ex.: Le déroulement de
l'action [the plot
development] est com
plexe dans Lorenzaccio.
L'action se passe à
Florence (The scene
is set in Florence.).

une actrice, un acteur:
an actress, an actor

un alexandrin [ks]
a 12-syllable line
Ex.: Le jour n'est pas
plus pur que le fond
de mon coeur.

une ambiance = une
atmosphère: a mood,
an atmosphere

une amoureuse,
un amoureux:
a lover

annoncer = préparer:
to foreshadow Ex.:
La première scène
annonce déjà
le dénouement.

un arrière-plan:
a background Ex.:
Ce personnage reste à
l'arrière-plan (This
character remains in
the background.).

une atmosphère =
une ambiance: a mood,
an atmosphere

une avant-garde

B

un ballet

les bienséances (f.):
code of good manners
Ex.: Les bienséances
sont respectées dans
le théâtre classique.

un morceau de bravoure:
a purple passage

un but = une fin:
an aim, a goal

C

un cadre: a framework,
a setting

un calembour = un jeu
de mots: a pun,
a play on words

un caractère #
un personnage:
the character of a
person # a fictional
character Ex.:
Ce personnage a
mauvais caractère
(This [fictional]
character has a bad
character.).

une caractéristique:
a trait, a feature,
a characteristic

une caricature

une catharsis [t]

un chef-d'oeuvre
(ne pas prononcer
le [f]):
a masterpiece

un choeur (prononcé
comme coeur): a chorus

le classicisme

classique

un code

une comédie

une comparaison

comparer

un complot #
une intrigue: a plot
against someone #
the plot of a story

se comporter =
se conduire = agir
(d'une certaine
façon): to act, to
behave (in a certain
way)

une confidente,
un confident

une convention

un costume

dans les coulisses
(f.): offstage, in
the wings, behind
the scenes

une / un critique:
a critic

D

un décor: a setting,
a set, scenery

le défaut tragique:
the tragic flaw

un dénouement:
a plot ending,
a resolution

46

le destin = la fatalité:
 destiny, fate

un détail significatif =
 un indice: a clue,
 a significant detail

un "Deus ex machina"

un dialogue

dramatique

une / un dramaturge =
 un auteur dramatique:
 a playwright

un drame

la durée # le temps:
 duration # time

E

l'éclairage (m.):
 the lighting

l'emphase (f.):
 pomposity,
 grandiloquence

un entracte:
 an intermission

une entrée:
 an entrance

l'esprit (m.): the mind;
 wit Ex.: Marivaux est
 un dramaturge qui a
 beaucoup d'esprit.

un esprit = un fantôme:
 a spirit, a ghost

un événement: an event

une exposition

une expression:
 a phrase,
 an expression

F

un fantôme = un esprit:
 a ghost, a spirit

une farce

la fatalité =
 le destin: fate,
 destiny

un fil conducteur =
 un motif (central) =
 un motif récurrent =
 un réseau thématique:
 a connecting thread,
 a (central) motif,
 a recurrent motif,
 a thematic pattern

une fin = une
 conclusion: an ending

la forme # le contenu
 = le fond: form #
 content

H

une héroïne, un héros

héroïque

un héroïsme

l'humeur (f.) #
l'humour (m.): mood,
humor # (comic)
humor Ex.: Figaro
a beaucoup d'humour;
il m'a mise de
très bonne humeur.

humoristique = comique:
humorous, comic

I

une idée centrale:
a main idea

une illusion

une imitation

une indication
scénique: a stage
direction

un indice = un détail
significatif: a clue,
a significant detail

une intrigue #
un complot: a plot of
a story # a plot
against someone

une intrigue
secondaire: a subplot

J-L

le jeu: the acting

un jeu de mots =
un calembour: a pun,
a play on words

un jeu de scène:
stage business

jouer: to act

jouer un rôle:
to play a part Ex.:
Cet acteur joue bien
le rôle de Hamlet.

un langage

une liaison: a liaison
(les-z-amies); a love
affair

un lieu = un endroit:
a place (voir unité
de lieu)

une ligne (de prose) #
un vers (de poésie):
a line of prose #
a line of poetry

M

le maquillage: makeup

une maxime

un méchant # un traître:
 a villain # a traitor

un mélodrame

une metteuse en scène,
 un metteur en scène:
 a director

mettre en scène ou
 monter une pièce:
 to produce, stage,
 or put on a play

une mise en abyme:
 a play within the play
 (and other self-ref
 erential techniques)

une mise en scène:
 a production

un mobile = un motif:
 a motive

un monologue

un monologue intérieur

un montage

monter ou mettre en
 scène une pièce:
 to produce, stage, or
 put on a play

un morceau de bravoure:
 a purple passage

un motif = un mobile:
 a motive

un motif (central) =
 un motif récurrent =
 un réseau thématique
 = un fil conducteur:
 a (central) motif,
 a recurrent motif,
 a thematic pattern,
 a connecting thread

P

un personnage #
 un caractère:
 a fictional char-
 acter # the char-
actor of a person
 Ex.: Ce personnage a
 mauvais caractère
 (This [fictional]
 character has a bad
 character.).

une phrase #
 une expression:
 a sentence # a phrase

une pièce: a play

le plateau = la scène:
 the stage

un point culminant =
 un point crucial:
 a climax (in a story)

un porte-parole
(de l'auteur):
an (author's)
mouthpiece

préparer = annoncer:
to foreshadow Ex.:
La première scène
prépare déjà
le dénouement.

un procédé: a device,
a technique

un protagoniste

le public =
les spectateurs:
the audience

R

la règle des trois
unités (voir unité)

un renversement (de
situation): a reversal

une répétition

une répétition:
a rehearsal

une réplique # une tirade:
an actor's line # a speech

une représentation:
a performance

un réseau: a network,
a pattern

un réseau thématique =
un motif (central) =
un motif récurrent =
un fil conducteur:
a thematic pattern,
a (central) motif,
a recurrent motif,
a connecting thread

un rôle: an actor's
lines or part

un rythme [ritm]

S

un scénario

une scène

la scène = le plateau:
the stage, the set

une séquence

une situation

les spectateurs (une
spectatrice, un spec-
tateur) = le public:
the audience

T

un tableau

une technique

le temps # la durée
time # duration

une tension

le théâtre

un théâtre en rond:
 a theatre in the round

une tirade #
 une réplique: a speech
 # an actor's line

un ton de la voix:
 a tone of voice

un tournant
 (de l'action):
 a turning point
 (in the action)

une tradition

une tragédie

une tragi-comédie

tragique

un traître #
 un méchant:
 a traitor #
 a villain

U-V

les trois unités (f.)--
 les unités de temps,
 de lieu, d'action:
 the three unities--
 of time, place, and
 action

universelle,
 universel

un vers (de poésie) #
 une ligne (de prose):
 a line of poetry #
 a line of prose

vraisemblable: likely,
 plausible Ex.:
 Est-ce que l'art doit
 être vraisemblable
 (true to life)?

le vraisemblable:
 verisimilitude,
 plausibility

51

<u>A</u>

une action: an action;
a plot (= une intrigue)
Ex.: L'action [plot]
des <u>Misérables</u> est
plutôt complexe.
L'action se passe en
général à Paris (The
scene is set mainly
in Paris.).

une ambiance =
une atmosphère: an
atmosphere, a mood

annoncer = préparer:
to foreshadow Ex.:
Le début de ce roman
annonce déjà
le dénouement.

une arrière-plan:
a background Ex.:
Ce personnage reste
à l'arrière-plan
(This character
remains in the
background.).

une atmosphère =
une ambiance: a mood,
an atmosphere

un auteur = une femme
écrivain, un écrivain:
an author, a writer

un auteur implicite:
an implied author

une autobiographie

<u>B-C</u>

une biographie

un cadre: a framework;
a setting

un <u>caractère</u> #
un personnage:
the character of a
person # a [fictional]
character Ex.: Ce
personnage a mauvais
<u>caractère</u> (This
[fictional] character
has a bad character.).

une caricature

un chapitre

un che<u>f</u>-d'oeuvre
(ne pas prononcer
le [f]):
a masterpiece

un cliché

un code

une comparaison

comparer

complexe

un complot #
 une intrigue:
 a plot against
 someone # a plot
 of a story

une conclusion =
 une fin: a conclusion,
 an ending

un conte (moral,
 philosophique) #
 une nouvelle #
 un roman: a tale #
 a short story #
 a novel

le contenu # la forme:
 content # form Ex.:
 Il ne faut pas opposer
 forme et contenu.

une convention

D

un dénouement: a plot
 ending, a resolution

une description

descriptive,
 descriptif

un détail significatif
 = un indice: a clue,
 a significant detail

un dialogue

une digression

la durée # le temps:
 duration # time

E

une femme écrivain,
 un écrivain =
 un auteur: a writer

un endroit = un lieu:
 a place

un épilogue

un épisode

une étude: a study

un événement: an event

une évolution

une exposition

F

le fantastique

la fiction

un fil conducteur
= un réseau thématique
= un motif (central)
= un motif récurrent:
a connecting thread,
a thematic pattern,
a (central) motif,
a recurrent motif

une fin = une
conclusion: an ending,
a conclusion

un flashback = un retour
en arrière

la forme # le contenu:
form # content

G-H

un genre

une héroïne, un héros

héroïque

un héroïsme

une histoire =
un récit =
une narration:
a story, a narrative

I

une idée centrale:
a main idea

un indice = un détail
significatif: a clue,
a significant detail

une interprétation

une intrigue #
un complot: a plot of
a story # a plot
against someone Ex.:
Le déroulement de
l'intrigue des Misé-
rables est complexe.

une intrigue
secondaire: a subplot

une introduction

une inversion:
a reversal

L

un langage

une lectrice,
un lecteur: a reader

une légende

une liaison: a liaison
(les-z-amies);
a love affair

un lieu = un endroit:
a place

une ligne (de prose) #
un vers (de poésie):
a line of prose #
a line of poetry

M

mimétique

une mise en abyme:
a play within the
play (and other
self-referential
techniques)

un mobile = un motif:
a motive

un monologue
intérieur

un montage

un motif = un mobile:
a motive

un motif (central)
= un motif récurrent
= un réseau thématique
= un fil conducteur:
a (central) motif,
a recurrent motif,
a thematic pattern,
a connecting thread

un mythe

N

une / un narrataire:
a narratee

une narration = un récit
= une histoire: a story,
a narrative

la narration:
narrative (the narra-
tive aspect of a
story)

une narratrice,
un narrateur

le naturalisme

une nouvelle =
a piece of news

une nouvelle #
un conte # un roman:
a short story #
a tale # a novel

P

parallèle

un parallélisme

une parodie

un pastiche

un personnage #
un caractère:
a fictional
character # the
character of a person
Ex.: Ce personnage a
mauvais caractère
(This [fictional]
character has a
bad character.).

une personnification

une phrase #
  une expression:
  a sentence # a phrase

un point culminant =
  un point crucial:
  a climax (in a story)

un point de vue:
  a viewpoint

un point de vue =
  une vision (narrative):
  a (narrator's) point
  of view

un porte-parole (de
  l'auteur): an
  (author's) mouthpiece

préparer = annoncer:
  to foreshadow Ex.:
  Le début de ce roman
  prépare déjà
  le dénouement.

un procédé =
  une technique:
  a device, a technique

un processus =
  un procès (rare):
  a process

la prose

une / un protagoniste

le public: readers

<u>R</u>

un rapport =
  une relation:
  a relationship

le réalisme

réaliste

un récit =
  une narration =
  une histoire:
  a story, a narrative

récurrente, récurrent

un renversement (de
  situation): a reversal

une répétition

un réseau: a network,
  a pattern

un réseau thématique =
  un motif (central) =
  un motif récurrent =
  un fil conducteur:
  a thematic pattern,
  a (central) motif,
  a recurrent motif
  a connecting thread

un retour en arrière =
  un flashback

un roman #
  une nouvelle #
  un conte: a novel #
  a short story #
  a tale

57

un roman policier:
 a detective story

une romancière,
 un romancier:
 a novelist

romanesque: fictional
 Ex.: Cette étude
 critique analyse les
 techniques romanesques
 de Hugo.

un rythme [ritm]

S

un scénario

une scène

un sens =
 une signification:
 a meaning

une séquence

structurale, structural

une structure

le style direct: direct
 style/discourse

le style indirect:
 indirect style/
 discourse

le style indirect libre:
 free indirect style/
 discourse

le suspense

une symétrie:
 a symmetry

T

le temps # la durée
 time # duration

un tournant (de
 l'action):
 a turning point
 (in the action)

une tranche de vie:
 a slice of life

U-V

une unité

une vision (narrative)
 a (narrator's) point
 of view

une vision externe /
 par dehors: an
 external point of
 view (separate from
 the character's)

une vision interne /
 par derrière / avec:
 an internal point of
 view / one from
 behind / with the
 character)

la voix narrative:
 the narrative voice